JOSEF WEINHEBER

KAMMERMUSIK

Gedichte

HOFFMANN UND CAMPE

CIP-Kurztitelaufnahme der Deutschen Bibliothek

Weinheber, Josef
Kammermusik: Gedichte. – 5. Aufl., 46.–60. Tsd. –
Hamburg: Hoffmann und Campe, 1978.
ISBN 3-455-08123-1

5. Auflage, 46. bis 60. Tausend 1978

Satz Süddeutsche Verlagsanstalt, Ludwigsburg
Druck und Bindung Bercker, Kevelaer
ISBN 3-455-08123-1 · Printed in Germany

KAMMERMUSIK

GHASEL

Ich kehre wieder heim. Ich bin zu Rand
mit meiner Kraft – ich bin nicht abgesandt.
Viel Böses hab ich in der Welt getan,
das Gute fass' ich in der hohlen Hand.
Doch bleibt mir als dem Menschen, der ich bin,
ein Trost, ein gut- und wahrer, zugewandt:
In jeder Welt aus Schein und Gram und Zahl
hab ich mich immer zu mir selbst bekannt.
Wer kann denn mehr: Die Räusche sind für sich,
die Taten sind dem breitern Volk bekannt,
die Sünden sind in Nächten, schlaflos lang,
in Schwäche, schuldlose, hinabgebrannt.
Ich habe nichts zu beichten, zu bereun:
Ich steh am Ursprung, wo ich immer stand.
Mein Stolz ist nicht von dieser Welt – und wenn
ich auch an dieser bin verwelkt, verbrannt:
Ich habe meine Kunst. Ich bin so klein,
ich bin so groß: Und Gott versteht den Brand.

KAMMERMUSIK

Eine Variation

Erste Geige:

Ich, in die Schönheit dieser Welt verliebt,
beschenke sie mit meiner eignen Schöne.
Die Welt ist ohne Abgrund. Strömend gibt
mein Herz sich aus. Ich bin nur Lied: Ich töne.

Zweite Geige:

Mir, neben lichterm Wesen, ist verwehrt,
ein Ich zu haben. Nicht die Welt – doch fester
und wirklicher: die Erd hat mich belehrt.
Dort dunkelt es. Laß dich begleiten, Schwester!

Bratsche:

Mein grauer Scheitel macht es mir zur Pflicht,
den Abgrund euch zu nennen. Wie ihr beide
verschwistert hingeht, Kindliche, besticht
selbst noch der Streit um nichts. Ich aber leide.

Cello:

Ich weiß zutiefst, daß alles Schicksal ist,
das schön Getane und das Unerlöste.
Ich bin dem Ganzen treu: Genießt und büßt!
Ich warne nicht. Ich weine mit. Ich tröste.

Erste Geige

Als das Frühlicht sich im Osten hob,
trat ein schlanker Jüngling aus dem Wald.
Edelschöner Leib, sich selbst zum Lob.

Über blauen Hügeln stand noch fern,
und der Jüngling sah ihn stolzer Stirn,
stand noch fein und fern der Morgenstern.

Doch die Sonne stieg, und königlich
wölbte sich der Tag, wie jener schön.
Und der helle Jüngling straffte sich,

legte an die Sehne das Geschoß,
warf das Haupt zurück und sandte schnell,
bare Kraft, die aus sich überfloß,

sandte schnell den Pfeil, wie ohne Sinn,
sieghaft-blind und doch nach höchstem Ziel
in den glasklar leeren Himmel hin.

Zweite Geige:

Das Klar des Himmelsblaus
wird langsam grün.
Im Golde steht ein Haus,
und Bäume blühn.

Ein schmaler Mond erhebt
sich überm Wald.
Ein Wolkenrand verschwebt
als Lichtgestalt –

Nun ist fast gar nichts mehr.
Dem Weg wird bang.
Da kommt ein Klingen her
von Untergang,

das singt so schwer verhängt,
so wund bewußt,
wie eine Schuld sich senkt
in tiefste Brust.

Dann geht in Stößen wild
ein Weinen an,
das schweigende Gefild
nimmt teil daran,

es fällt ein Tränentau
auf Halm und Blatt,
und eine stille Frau
starrt todesmatt

und hebt die schlanke Hand,
den Bogen leis,
da ist die Nacht gebannt
und silberweiß –

Unendlich Lächeln nun
füllt allen Raum,
auf zagen Elfenschuhn
schon naht der Traum:

Ein Rest von Klage gibt
den Sternen sich.
Ich habe dich geliebt.
Ich liebe dich.

Bratsche:

Ich glaube fast, ihr habt mich nie gesehn;
mich kaum gewußt – doch wohl in jedem Schritt
gespürt, wie ich von ferne um euch litt.

Leicht ist es euch zu kommen, leicht zu gehn.
So vielen Abschied habt ihr überlebt,
daß jener letzte seinen Sinn verlor.
Ich steh seit jenem ersten an dem Tor
ins Dunkle. Daß ich dennoch blieb, enthebt
mich nicht der ewigen Angst: um mich, um euch,
der Angst um alles. Weil ich einsam war,
bin ichs geworden, tiefer Jahr um Jahr.

Nun hüte ich das Wissen um mein Reich,
ins Namenlose ganz hinabgetaucht.
Die Kraft zu wahren, ging ich von euch fort.
Ich bin, wo ihr nicht seid. Ich bleibe dort.
Ich werde hier sein, wenn ihr Liebe braucht.

Cello:
Für Dr. Rudolf Lehner, Arzt in St. Pölt

Mahner du, glaubst du, ich hab
nicht um alle Tiefen gewußt,
um jedes Grab?
Sünde, Reu, Untergang, Wahn –
Greif dir mein Herz aus der Brust,
sieh es an!

Seine Kammern sind schlaff vom Wein,
seine Gefäße mürbe vom Gift:
Rundherum läuft eine schreckliche Schrift
in schwarzem Stein,
(die Lettern sind weiß wie Gespensterbein):
»Weh dem, den es trifft!«

Aber jeden trifft es ja nicht.
Ehre, wem Ehre gebührt!
Unberührt
gehen die Tausende durch ihre Pflicht.
Adlig ins Elend führt
nur das Wirkliche: Das Gedicht.

Wie weit vermag ein Weinen zu gehn?
Bis wo hinab der Klageton?
Wer kann die Qual bestehn?
Du bist noch endlos verstrickt,
und ich bekenne schon,
schmerzvoll beglückt.

Menschlichste Stimme, Hall
ohne zerstörendes Wort,
mächtig der Sprachen all:
All meine Tränen und Schuld
legst du gehäuft zum Hort.
Der strahlt Gottes Huld.

SINFONIA DOMESTICA

Es ist nicht leicht (wir treiben
zu sehr im Gewohnten hin),
dir die Umwelt hier zu beschreiben,
in der ich lebe und bin.
Ein Rest bleibt ungesagt.

Du denkst, die Heimat zu kennen.
Ich glaub, ich kenne sie auch.
Und kannst doch die Dinge nur nennen:
hier Busch, hier Baum, hier Strauch –
Aber: Wird es zum Bild?

Da siehst du die Hügelwellen
sich werfen im gelben August.
Die Himmel wechseln mit schnellen
Bildern der Trauer und Lust –
Groß sind die Himmel bei uns.

Immerzu geben die Winde
kleine Unruh dem Land.

Daß uns die Müh nicht schwinde,
reißt uns der Sonnenbrand
handbreit die Erde auf.

Dunkle Stellen von Wäldern,
Richtbäumen und Alleen
kannst du zwischen den Feldern
edler aufgeteilt sehn,
als das ein Künstler ersinnt.

Vom großen Gebirg im Süden
ist immer die Ahnung nah.
Die Föhne im März ermüden,
die Sternnächte schrecken dich da
seltsam stark und tief.

Zwar sind wir nicht einsam. Es betten
sich ringsum Dörfer genug.
Ich sehe allein von Kirchstetten
fünf Türme. Soeben schlug
es von dem in Ollersbach elf.

Am Abend kommen die Rehe,
äsen bis an den Zaun.

Es schreit der Fasan und die Krähe
und ist ein ewig Geraun
und Gesumm und Gesang in der Luft.

Im Spätherbst freilich haben
wir Nebel und trostlosen Wind.
Das Land liegt offen. Begraben,
wie es die Toten sind,
sind wir im Jännerschnee.

Solche Wehen und Wächten
hast du nicht gesehn.
Im finstern Hohlweg möchten
keine Riesen bestehn.
Und der Weg ins Dorf ist lang . . .

*

Da sitzen wir in der Halle,
und wochenlang kommt kein Gast.
Mit Brutzeln und lautem Knalle
bersten Scheiter und Knast
im mächtigen Kachelofen.

Im Sommer waren wir grade
zum Schlafen im sichern Haus.
Jetzt spüren wir erst die Gnade
soliden Ziegelbaus,
und der Hausrat wird uns lebendig.

Zögernd, mit Zweifelsmute,
(finster liegt draußen das Land)
nehm ich die alte, gute
Guitarre herab von der Wand:
»Wenn alle Brünnlein fließen . . .«

Jetzt sind uns die derben Stühle
um den wuchtigen Tisch schon recht;
die braunen Balken der Diele,
das Schmiedeeisengeflecht
der Ampeln und schwarzen Leuchter;

die vielen hundert Dinge,
Bild und Model und Krug,
die ich in Zufalls Schwinge
mählich zusammentrug
wie ein Hamster die Körnlein.

Glaub mir, ein gut Teil Lebens
hangt an jedem Stück.
Manches wohl flüstert: »vergebens«;
aber es ist ja Glück
immer etwas Gewesnes.

Ich denk es, wie wir bei wilden
Stürmen, kein Wasser, kein Licht,
im Hause Einzug hielten.
Zwei Stühle, mehr gab es nicht,
so hockten wir dumm in der Küche.

Heut ist auf Böden und Zimmern
alles an seinem Ort.
Im Keller unten schimmern
die Flaschen auf ihrem Bord,
und die Fässer bauchen sich blitzblank.

Wir haben Kartoffel gegraben,
wir haben Obstmost gepreßt.
Was uns die Sommer gaben,
ist wie ein Geschenk und ein Fest
in diesen langen Wintern.

Wir brauchen hier kein Theater.
Oft schaun wir stundenlang zu,
wie unser falber Kater
mit anmutvollem Getu
dem Hund nach den Lichtern tatzelt.

Es muß uns auch nichts ängsten.
Die Uhr tickt, fern ist die Welt.
Da lese ich an den längsten
Abenden, Mondlicht fällt,
aus meinen Lieblingsdichtern.

Laut lese ich, das Glas roten
Göttweigers nah bei der Hand:
Ein Lied des Wandsbeker Boten –,
Du bist Orplid, mein Land –,
der Droste erhabnes »Im Grase«.

Im Grase ... Es will schon tauen?
Es ist schon Februar.
Wir sollten zum Dorngraben schauen.
Dort blühten im vorigen Jahr
um diese Zeit schon Primeln ...

*

Du glaubst nicht, was so ein Garten
alles an Wartung braucht.
Noch immer ist Frost zu erwarten.
Aber der Dunghaufen raucht,
und der Schnee ist weg.

Jetzt darfst du ja nichts versäumen.
Gerätst du erst in den April
mit dem Großzusammenräumen,
tut jeder Baum, was er will,
und du erntest Ärger statt Obst.

Und hast du mit Schneiden, Putzen
und Propfen das deine getan,
dann fängt erst, jenseits vom Nutzen,
die richtige Arbeit an,
die du fürs S c h ö n e tust.

Fürs Schöne sag ich? Fürs Gute!
Enkeln, unbekannt fern,
pflanz ich die junge Rute
des Baumes und tu es gern:
So stirbt nicht alles von mir.

Wir haben acht Weiden, sieben
Pappeln im Frühjahr zuletzt
und vierzig Lärchen (drei blieben
braun) und vier Eiben gesetzt –
meine Frau und ich.

Die kommen gemach, die Bäume.
So will ich zu jeder Frist,
auf daß ich mein Teil nicht versäume,
tun, was notwendig ist.
Auch »Ewigkeit« ist nur ein Wort.

Der Wald steht wie ein Wächter.
Mein Haus, mein Grund, meine Art.
Für kommende Geschlechter
sei's also aufbewahrt –
Ein Rest blieb ungesagt . . .

ZIEHHARMONIKA

Für den Dichter Moritz Jahn

Rotreithgrund, sonnumfluscht,
Steinhagbach, weidenüberbuscht,
Schatten am Pappelstrich –
hin lenz' ich mich.
Schmeiß meinen Hut in die Höh,
wenn ich so den blauen Himmel seh,
schmeiß in die Höh meinen Hut,
juch, das tut gut.

Dengler im Roggengelb,
wär's gern ein Bauer selb,
bin's nur ein Wandermusikant,
lang überland –
Lang überland, überfeld,
klein ist und groß die Welt,
wenn's nur kein Hagel heute fällt,
unvermeldt, gelt?

Doremi, fa sola,
mi faso lasida,
fremdschöne Sprach, du mein,

jedem gehst ein.
E–gis–ha, a–cis–e,
wenn ich so den blauen Himmel seh,
tut mir mein Herz in der Brust
weit sein vor Lust.
Sichel am Sommerrain,
möcht's doch kein Bauer nicht sein,
drüben in Tausendblum
gehts schon schön um.
Kirtagbaum, Feichten blank,
Oberstimm, Annerl schlank,
kumm, kumm, kumm, macht's der Baß,
das ist ein Spaß!

'rum, 'rum, 'rum, anders geschwind,
Band weht im Walzerwind.
Daß wir's nur beinander sind,
allerliebs Kind!
Schön leucht' der Abendstern,
dich hab ich gar so gern,
um, um, um bussen dich muß:
Schluß –
ja-a Schluß!

BESCHREIBUNG EINES HIMMELS

Viele Himmel sah ich. Aber immer
seh ich nur den einen. Dieser fällt
durch das Fenster in mein Krankenzimmer:
Schöner Ruf der fernen, teuren Welt.

Morgens war er da mit sanfter Stille,
wie ein Trost nach schlaflos langer Nacht.
Und sein spielerischer Künstlerwille
hatte sich am Sonnenpfeil entfacht;

hatte sich bekränzt mit Purpurrosen
und bekrönt mit grauem Hermelin.
Und die Mantelpracht aus makellosen
weißen Fiederwolken hüllte ihn.

Manchmal war er ernst: Von jenem steten
tiefen Schauen in sich selbst hinein,
welches die Sibyllen und Propheten
schaudern ließ vor ihrem eignen Sein.

Aber dann, mit Lust von Hauch zu Helle
sich verwandelnd wie ein Mime, sprang
er aus sich heraus und hatte schnelle
Hände wie ein Knabenüberschwang.

Und er zauberte mit solchen Händen
viele Dinge vor den willigen Blick:
Weiße Burg auf hohen Felsenwänden,
wilden Mann mit riesigem Genick;

Täler, Schluchten, Berge, Bäume, Elfen,
Schleiertrachten seltsamster Natur.
Wollte er, weiß Gott, dem Kranken helfen?
Spielte, übte, lebte er sich nur?

Daß er mir im Herzen nie verglute!
Hundert Himmel war er, immer neu.
Aber wie das Land, auf dem er ruhte,
blieb er sich und seiner Schönheit treu.

ABEND AUF DER VERANDA

Mir hatten alte Zeiten
das Herz gewürzt.
Ich ging in Frömmigkeiten –
und ungekürzt.

Ein schöner Wahnsinn glänzte
um Hals und Haupt,
und alles Nichtbegrenzte
war schön erlaubt.

Ich hörte Tiere reden
und Blumen gehn,
ein blau Geraun der Veden
im Windewehn;

den Wahnsinn fühlt ich teuer
und groß getan:
und war kein Abenteuer
und war kein Wahn –

Ich hatte viele Falter
vorher geschaut.
Doch meinem weisen Alter
ward Hohn erbaut.

Die Schmetterlinge fliegen
in meinen Wein.
Es wird ein großes Siegen
und Todsein sein.

Ihr Falter, feine Falter,
oh, habt Geduld!
Es hat am bittern Alter
der Mensch nicht Schuld.

Wie seid ihr schön und weise!
Ihr fliegt ins Licht . . .
Der Mensch ist kleine Speise
und weiß es nicht.

DER STROM

Fern am zitternden Horizont
schlägt der Gewaltige weit die Zelttür der Berge auf.
Erzen, die Brust besonnt,
tritt er herein, schweigt. Blindlings zuhauf

fallen die Felsen vor ihm ins Knie,
und er schleppt mit Purpur und Gold
königlich seinen Mantel nach. Wie nur ein
Tamerlan, wie
ein östlicher Gott reißt sein Vielarm den Sold

dienender Wälder an sich. Ihm gehört
alles Wilde: Geheimnisvoll, Schlange am Uferstein,
der hochadlige Hirsch, der übers Wasser röhrt,
und der Reiher fürstliches Einsamsein.

Träg hinab in der Ebene schwülen Pfühl
steigt er abendlich. Seine gezähmte Lust
dürfen die Sterne schaun. Er ist Herr, und die
Erwählte fühl
sein gefährliches Herz furchtbar an ihrer Brust!

Zeugend verströmt, mächtiger männlich verläßt
er das Lager im morgenden Licht.
Die Geliebte bebt: Er lud sich zu Fest,
gab, verriet sich dem Weib – und tötete nicht?

Er jedoch ist schon fern. Reisige Schilde gehn,
Mauern, ihm vor. Mitten hinein, in die Wand
springt sein dröhnender Zorn. Keine Hand
regt sich. Wer kann widerstehn,

wenn der Königsblick wie die Sonne groß
dem Befallenen unter den Helm schaut, wer?
Stumm, versagend stürzen die Himmel los
und herab. Er jubelt. Leuchtet. Sonst ist nichts mehr.

SCHLANKE FLÖTE ...

Schlanke Flöte, süßer Klang,
wessen ist dein Teil?
Kamst doch, der soviel gelang,
uns zu Trost und Heil?

Mußt du reden unsrer Brust,
klagen unserm Schmerz?
Mehren unsre Menschenlust,
sagen unser Herz?

Wie du uns den Traum verschönst,
drin die Träne bebt:
Ach, du bist nur da und tönst,
unbemußt verschwebt.

Kehrest, fremder, sanfter Gast,
flüchtig bei uns ein;
wirst geliebt und dennoch fast
nie begriffen sein.

Wenn dich immer wieder auch
Lust der Finger greift,
warst du doch nur Sternenhauch,
der die Stirnen streift.

Darum bist du ja so schön,
weil du uns nicht weißt;
läßt uns schlafhaft untergehn
in den heiligen Geist:

Was die Seele mächtig zieht,
ist nicht Zweck, nicht Tun.
Ich bin Lied und du bist Lied,
in uns selbst zu ruhn.

ORGEL

Den Manen Anton Bruckners

Heb es, Schöpfer, an nach dem deinen Willen!
Ob ich frage, darf denn der Mensch dich fragen,
ob ich frage, laß es gelaß sein, heb es
an! Und sieh, schon rauscht es von unten, rauscht der
trächtige Ton. Doch freilich, du lässest die Engel
noch nicht vor. Sie sind noch entfremdet. Welche
schrecklich große Entfremdung zwischen uns und
Engeln! Diese haben Flügel und Flöten,
wir doch Hader und Schmerz. Nur deckst du den
Grundton
unser gnädig ab. Das Gewoge wälzt sich
ohne Fährnis: Bombarde, Quint- und Choralbaß.

Aber da, wo die Schmerzen beginnen, der Nachtschoß
uns entläßt, die Erd anhebt und das Feste,
hast du Stimmen gemacht, und ich beuge mich, Herr, den
Stimmen. Stimmen? Vor lang' doch, lange war ich
auch ein Gespräch; es gingen schuldlose Stufen
aus der Tiefe zu dir und war ein Geläut von
Bechern und Glocken. Aus gegliedertem Laubwerk

riefen Früchte mich an, zugleich mit den Blüten.
Oh, noch weiß ich den Quell, sein lieblich gedacktes
Silber sprang vom Gebirg, ward breit und vergönnte
seinen Ufern Raunen des Rohrs, die sieben-
tönige Flöt', ätherischen Hauch. Am Sturzfall
schöpfte das Nachthorn. Und klang wie Ahnen
vom Meere.

Also war ich Gespräch. Es lehrte mich aber
Hoffart die Schlange. Mit erfundenen Namen
schmückt' ich die Dinge, nannte »Stern« deinen
Stern, und
das, was niemand sahe, nannte ich Zeit. Von
da ward Leid in der Welt und Tod; und die Sünde,
Gott sein zu wollen. Und schon begannen der Engel
einige sich zu nahn dem geborgten Feuer,
doch es griff sie dein Zorn und warf ihr Begehrnis,
Mensch zu sein, hinab in den sprachlosen Abgrund.

Mich doch setztest du fort. Wo die Schmerzen beginnen,
da wo die Erd anhebt und das Feste, hast du
Stimmen gemacht, erhabne, klagende; Stimmen
unbekümmerter Lust, den Kampf und die Tötung.

Baum und Wind vergaßest du nicht, du dachtest
jeglicher Sehnsucht; jeder Wanderschaft gabst du
eingebornen Gesang. Doch tönen sie alle,
tönen nicht herztief die beredte Antwort
jenes Gesprächs: Mich selber, die vox humana.
Nun erst stürzt es empor – Schuld, diene der Reinheit,
groß' Gebet, entsühne den Tod! Hinfällig
ärmstes Geschöpf, an Gottes Stelle vertritt des
Geists Majestät! – nun strömt es empor: Oboen,
Cimbeln, Violen, Cornett, Bourdon und Clarino.

Herr, ich glaube an dich, du hast mich vollendet.
Herr, ich frage nicht mehr. Es sind deine Engel
hoch und licht, ein ewiger Anbeginn. Mich doch
hast du geprüft. Der Mensch muß bitter hindurchgehn.
Nun ich aufschau zu dir, so ist in den Wolken
mächtiger Glanz, es fließt von dort um die Stirn mir
zarter Jubel. Da wag ich, mich zu erheben:
stärker, mehr als die Engel. Die lässest du endlich
vor, deine Boten. Und ist kein Wort der Entfremdung
mehr zwischen uns. Gelöscht sind jegliche Namen.

Himmlische Stimme, vox coelestis, verweile,
was ist Sterben, begleite, seliges Dolce,
mich hinan, o Gnad der Vereinigung, bleibe!
Unten und oben, Meersturm, Brandung und Stille,
feste Erd mit Sonne und Mond, ihr tausend
unnennbaren Gestirne, bleibt und lobpreiset!

Tuba, töne dem Herrn! Posaunen, erdröhnet,
frönt, Trompeten, dem Licht! – Versöhnt, o versöhnet
mit dem Vater, versöhnt, die Ströme der Tränen
nun im Vater verschönt, im Schöpfer verschönet,
Herr, wie danke ich dir, du hast mich bekrönt;
Herr, ich glaube an dich, geleite mein Wähnen,
Herr, ich frage nicht mehr, du hast mich geprüft.

Tuba, töne dem Herrn, ihr Hörner, erdröhnet!
Gott, wie danke ich dir, du hast mich verwöhnet!
Herr, ich frage nicht mehr. Du hast mich geprüft.

CAPRICCIO

Versuch, ein stilles Bild zu malen – Gebt
mir Farb und Pinsel, es gelingt mir bald:
mit Strich und Tönung, wie es heimlich lebt,
von Zufalls Gnaden holdeste Gestalt.

Da steht die Vase. Auf ihr tiefes Blau,
geflammt mit Wolken, fiedrig wie im Föhn,
fällt schnell erobert die bemühte Schau.
Ihr Wesen, ganz Gefäß zu sein, ist schön.

Doch augenblicks reißt es die Sinne auf
in das erlauchte Leben über ihr.
So herzensklar, so schmerzenswild zuhauf:
Die blütensatte Gladiolenzier.

Ein feines Rosa, fast flamingoweiß,
kelcheinwärts blutgestriemt, bestimmt den Strauß;
verrinnt in zartes Hauchgelb und geht leis
in blaugrün blasse Knospenlanzen aus –

Das ist im Vordergrund. Doch zwischenhin
nach rückwärts brennt ein pralles Indischrot
herab zu Krapp und lippigem Rosin,
daß es den vollen Strauß zu sprengen droht.

Zur Seite steht ein Terrakottabär.
Er hebt sich von dem hellen Hintergrund
der Brief- und Schriften ab, als lebte er
und tappte drollig durch das Kunterbunt.

Mit Messer, Tintenfaß und Federstiel –
zur Nacht, in Schutz und Schein des Mondenlichts
hat er bestimmt sein bärenmäßig Spiel.
Jetzt tut er so, als wüßte er von nichts.

Zur andern Seite nächst der Vase blitzt
es streifig her: Die Handvoll Bücher strafft
ein Eulenpaar, erdbraun, aus Holz geschnitzt
(nicht eben Kunst), und stützt die Wissenschaft.

Dies alles hebt sich von dem Umbraton
des dunklen Schranks dahinter ab und hat
mit Farb und Lichtern, fast zum Greifen schon,
die Kraft der Zeichnung wie ein Dürerblatt.

Leicht ab davon, doch noch im Bilde, nur
noch sichtbar gegen schummerweiße Wand,
steigt aus der Tiefe edelster Kontur:
Merkur von Da Bolognas Meisterhand.

Er schwebt auf einem Äolsstrahl und winkt.
O laß dich bannen, holdeste Gestalt!
Die Laune straft mich schon. Das Bild versinkt:
Ich hab es bloß beredet, nicht gemalt.

NOTTURNO

Wenn die Nacht ihren Leidenden sucht,
fällt sie leis in die Fenster und fragt,
und sie setzt sich ans Bett und sie bucht,
was der Beichtende stammelnd da sagt.

Und es ist ja nicht immer der Tod,
wes die Rede geht zwischen den zwein.
Da ist vieles, was furchtbarer droht,
und nicht alles wird Beichte nur sein.

Da ist Trauer und Klage und Wahn –
Doch es kann einer mehr nicht bereun,
als die Nacht an ihm Böses getan:
Wer da tötete, tats nie allein.

Da ist Aufruhr und bitterer Schrei
eines Manns, der die Heimat nicht hat,
immer fern an der Liebe vorbei,
die erstickt er in Tränen todmatt.

Und der Leidende spricht mit der Nacht,
und nicht alles ist Beichte allein,
und sie nimmt, die die Mütter gemacht,
ihn ans Herz. Sie wird gnädig ihm sein.

Sie wird gnädig ihm sein: Wie die Schuld
ist der Schmerz – und der tilgt ja – gebucht.
Gott ist groß, eine große Geduld,
wenn die Nacht ihren Leidenden sucht.

SCHERZO

Ein schöner Vogel fiel ein in den Baum.
Leis schwankte der Zweig: Sie wußten sich kaum.

Der Vogel strich ab, und wieder schwang
der Zweig sich aus; zwei Herzschläge lang.

Der schöne Vogel, wo flog er hin?
Vielleicht zu Gott, gegen Anbeginn . . .

Denn hier bei uns – was sollte er hier?
Das Herz ist offen, doch zu die Tür.

Er ist wohl längst (ob ihm noch bangt?)
im großen Garten angelangt.

Ihn trägt die Luft, ihn trägt der Wind –
Wir arm- und reiche Menschenkind:

Coda:
Geht die Tür,
schlürft ein Schuh:
Gib dich mir!
Nimm mich, du!

Lischt ein Licht,
sinkt ein Kleid.
Liebe spricht:
In Ewigkeit . . .

ANDANTE

Ich ging. Ich ging vorüber.
Liebkoste meinen Schritt.
Ich teilte mich den Tagen,
Ich teilte mich den Tagen
wie eine Geige mit.

Die Taubheit und das Blindsein
gehören nicht zum Gehn?
Wie aber durft ich wagen,
wie aber durft ich wagen,
zu hören und zu sehn?

Ein Leben ging vorüber,
mit Willen unerweckt.
Der Brunnengrund der Klagen,
der Brunnengrund der Klagen
blieb zugedeckt.

ADAGIO

Weckt mich nicht auf!
Nichts ist so schwer wie Erwachen.
Türmen sich Berge zuhauf
über der klammen Brust.

Langsam vertropft die Zeit
wie stockendes Blut einer Wunde.
Unendliche Traurigkeit
drückt auf die Stunde.

Einmal war Lachen, war Lust
wohl auch in dieser Welt.
Todruf, den tausendfachen,
hör ich noch, eh der Streich fällt.

ALLEGRO

Jede bitterste Not
ist nur da, wenn sie droht.
Ist sie da, ist sie fern.
So erfüllt sich der Stern.
Nimmer ist uns da bang.

Geh hindurch, es ist nichts.
Gott erschafft's und zerbricht's.
Erst im Tod ist der Mut
voller Weisheit und gut.
Freilich, ein Leben ist lang . . .

Und das Lebhafte nimmt
von dem Todhaften Lehn.
Wen das Schicksal bestimmt,
der wird stehn und vergehn.
Alles ist nur ein Sang . . .

PRESTO

Wer hat Zeit? Niemand hat Zeit.
Wer ist gefeit? Niemand gefeit!
Laß doch das Haus, laß doch das Hemd,
fremd unter fremd.

Schnell, schnell, schnell, renn!
Fall auf das Knie und bekenn!
Ungleiches Herz, ungleicher Schritt,
mit, mit, mit, mit!

Schönheit, wer hat jetzt für Schönheit die Ruh?
Werft Gott die windigen Türen zu!
Mehr als der Tod kanns nicht sein!
Amen! Deutsch! Tapfer! Hinein!!

KLARINETTE

Gicks und Gacks,
Gacks und Gicks,
ohne Holz
ise nix.
Klapperl auf,
Löchel zu,
Gluh, glululu.

Eins, zwei, drei
vier, fünf, sechs,
Röhrl meins
is was Keck's,
Schusterpapp,
Fensterschwitz
bringt mich in Hitz.

Haut mich der
Böhm ins G'nack,
trag ich mein'
Frnak – prack! –

alleweil
hoch in Höh,
Ce oder Be.

Spiel ich bei
Blech oder Streich,
holn s' mich zu
Tauf und Leich;
spiel ich für
scheene Braut,
aber schon laut!

František
auf Hradschin
sagt, daß ich
Luder bin.
Weil ich Tri-
olen blas,
auswendig, was?

Blas schon seit
Waisenhaus,
Smetana,

Nebdal, Strauß.
Eins, zwei, drei
vier, fünf, sechs:
Ob und wo –
Schmecks!

DISSONANZ

Grauer Wolkenrand,
trüber Regenwind.
Nebelblind
Busch und Baum.

Fröstelnd öder Raum,
viermal tote Wand.
Alles stirbt,
was da rief.

Selbst die Angst verdirbt.
Nur die Trauer bleibt.
Tiefer tief
Jahr um Jahr.

Einen müden Brief
schreibt die schwarze Hand.
Und sie schreibt:
Unrettbar . . .

IM FIEBER

Schwärzliche Zypressen
an dem weißen Tor.
Alles ist vergessen,
was da war zuvor.

Charon, schwarzer Ferge,
bring mich an den Ort!
Birg, was ich verberge,
nimm es mit mir fort!

Schuld: Sie zu verschweigen,
bitter ging die Schlacht.
Hätt ich doch mein Eigen
hinter mich gebracht.

Doch am Fuße nieder
zieht ein schwer Gewicht.
Bleib: du kommst nicht wieder.
Gott entgehst du nicht.

Hoffst du es noch immer?
Fliehst aus tot in stumm?
Gott entgehst du nimmer –
Charon, kehre um!

KLEINE FUGE

Brauner Wald,
süßes Haar,
Locke wild und wunderbar.

Rehgestalt,
Mond und Schnee,
kühler Körper weich und weh.

Schale, zier
mir bewahrt,
so zerbrechlich, oh, so zart!

Wunder Mund,
abgrundhaft:
Leidens Mal, Leidens Kraft.

Leidens Kraft,
Leidens Mal,
so zerbrechlich, oh, so schmal!

Mir bewahrt,
mir bewacht
lang durch bittre Menschennacht.

Mond und Schnee.
Leis verfällt
Mund und Braue, Weg und Welt,

nur der Stern
»Schläfenblau«
steht am Himmel, schönste Frau!

VERKÜNDIGUNG

Hoch im Blauen eine weiße Taube.

Unterm Blütenstaube
Mund zu Mund.
Fürchte nichts! Empfange, glaube!

Hoch im Blauen eine weiße Taube,
tiefer reift das Glück im Sommerlaube,
Stund um Stund.
Sieh den Apfel, sieh die Traube!

Wird das Herz dem großen Sturm zum Raube,
welk und wund:
Fürchte nichts! Gebäre, glaube!

Hoch im Blauen eine weiße Taube . . .

AN EINE GELIEBTE

Wie behutsam war
deinem Haar mein Haar,
und wir näherten uns nicht.
In den Wolken stand
als ein kühler Brand
jener Stern, der Liebe spricht.

Wenn du wiederkommst,
wenn du wiederkommst,
(o wie sehn' ich mich nach dir!)
will ich leise sein
und es nicht bereun,
daß dein Herz so schlägt in mir.

Und da bist du ja,
wieder schön und nah,
und ich träume in dich hin . . .
Dieser Geigenton!
Ja, du warst es schon,
als ich jung gewesen bin.

Nur den Finger leis
rührt der Finger leis,
und es ist sonst nichts geschehn.
Sieh, mein Ingesicht
spürt dich lieb und licht –
Doch jetzt mußt du wieder gehn!

VON EINEM ANGESICHTE . . .

Von einem Angesichte
in ferner Nacht
ging wie vom Mondenlichte
ein Scheinen sacht.

Vom tiefsten Muß zur Lüge
ist nur ein Schritt.
Die rührend armen Züge
gehn traurig mit.

Ich schau die hohen Sterne
in tiefer Schuld.
Ein Blick aus jener Ferne
strahlt Gnad und Huld.

Ich bin der Reu zum Raube.
O Selbstgericht!
Du stummer Weibesglaube
sagst: Weine nicht!

Ich beuge vor dem Schoße,
dem fernen, meine Knie.
Und wieder lebt das Große,
darnach ich schrie.

Von jenem Angesichte
verbannt, getrennt,
bewahr ich im Gedichte
das Sakrament.

GELIEBTE, MIR GERAUBT

Da die Freude tot ist
und die Stimme auch,
da das Herz in Not ist,
armer Hauch:

armer Hauch, versteh dich,
einmal noch verstrickt,
zu der Flöte, eh dich
Nacht erstickt.

Eh dich Nacht erstickt, so
denk: Trotzdem – es klang.
Und dem Guten glückt so
noch ein Sang.
Noch ein Sang! So arm war
nie die teure Welt,
daß sie nicht, was Harm war,
kühn zerspellt.

Was geliebt wird, flieht nicht –
hab ich einst geglaubt.
Was geliebt wird, flieht nicht:
doch es ward geraubt.

Wie du, Liebste, klein bist,
fort, doch schöner schön,
wirst du, weil du mein bist,
auferstehn.

AUF EINE ZERBROCHENE SCHALE

Schöne, zärtliche Schale,
fraulich buchtend und hold:
schmale, braune Opale,
huschende Streifen aus Gold,

huschende Streifen aus Golde –
War es ihr braunes Haar:
einzig, aber im Solde
Lebens verwechselbar?

Lebens verwechselbare
Scheinwelt hieltest du fern.
Oben ging ja der klare
liebende Heimatstern.

Liebende Heimatsterne
haben dich mir geschenkt;
haben die schreckliche Ferne
meiner Seele gelenkt.

Meiner Seele gelenkte
Bahnen ruhten dir ein.
Ach, du weißt noch, es kränkte
soviel Lieb sich allein.

Soviel Lieb sich alleine
quälte bei Nacht und bei Tag.
Zag war im Mondenscheine,
schöner, ihr Körper zag.

Schöner ihr Körper? Zage
nicht um Vollkommenheit!
Wie ich es wieder wage,
schwebt es über der Zeit,

schwebt es über den Zeiten,
wie ich es rein gesehn,
wird der Allesbereiten
keine Schmach mehr geschehn.

Keine Schmach mehr geschehen
kann dir, heilig Gefäß.
Doch in Trümmer zu gehen
ist dir not und gemäß.

VOR NACHT

Was da war,
red ich nicht.
Wunderbar,
ganz Gedicht
Traum und Hauch:
Warst du's auch?

Du bist fern.
Unser Stern
ist nicht gut.
Gott ist streng.
Eng, so eng
klopft das Blut.

Süßer Mund,
weit, so weit
bist du fort.
Und kein Wort
hilft im Grund
meiner Zeit.

Fühl, wie kalt
es hier ist.
Arme Frist!
Bald, ja bald
ist's vollbracht.
Es wird Nacht . . .

CORPUS MYSTICUM

Gegen Abend tritt das weiße Tier
elfenäugig aus dem Gotteswald:
Reinste Liebe, zarteste Gestalt!

Trag dein Wunder! Wandle ohne Gier!
Rings ist Bläue. Silberglocken wehn.
Unvergänglich durch den Himmel meint
dieser schönheitsblasse Mond zu gehn.

Sind dort Sünden, Sühne, was da weint?
Tief gespaltet sinkst du, seliges Licht.
Österlich Geschöpf, dem wehrst du nicht.
Hier ist Tod und wird es immer sein –

Rette dich zurück aus Brot und Wein!

DE PROFUNDIS

Hör aus der Unterwelt
tief des Verstoßenen,
tief des Mißratenen
Klage herauf!

»Unwiederbringlich« steht
leis auf der Stirne ihm,
der unter Engeln einst
»Strahlender« hieß.

Jene, die oben Gott
loben im hohen Licht,
haben der Schöpfung nur
Lieder geschenkt.

Er aber, Finder der
Trauer, vollendete
fehlend gefällen, das
göttliche Werk.

AUS DEM GEISTE DES GESANGES

Nimm die Herrlichkeit des Lebens
zwiefach in das Herz hinein:
Nehmens Not und Rausch des Gebens,
selig Brot und Wein.

Weib sein, das ist ganze Fülle.
Mann zu sein ist gleiche Lust.
Aus dem Aufruhr sink der Stille
an die Gnadenbrust!

Magst dich immer so erretten
aus dem Fehl- und Übermaß;
alle aufgezwungnen Ketten
splittern ab wie Glas.

Wahn der Enge und des Zwanges
lebt nur von dem Lärm der Zeit.
Aus dem Geiste des Gesanges
ström Unendlichkeit!

LÖWENZAHN

Keine Vase will dich haben.
Aber deine Samenkugel
ist das schönste Wolkenbild der Welt.

Nein, du fühlst dich nicht verstoßen.
Muß denn Kraft beschrieen werden?
Deine bittre Milch ist Haß nicht,
sondern Weisheit, Heil, Geduld.
Lilien, Tulpen und Narzissen:
Laß die Ruhmbedeckten immer
ihr Gewissen überblühn!
Du bist da, millionenmächtig,
stark von Blut, urzeichenhaft.

Sag mir, welches Wunder wärst du,
hätten dich die Höhn geboren,
einsam, fern, zuerst im Jahr?

Ach, da weinten
über dich die Seelenvollen
und die Kärrner zählten deine
tausend heiligen Blütenblätter,
Sohn des Volks!

MAIGLÖCKCHEN

Schöne Blume!
                    Ich, nicht schön,
will mit meinem Knechtsgesicht
stumm an dir vorübergehn.

Tu mir, wie schon Schicksal tut:
Ruf mich, doch bemerk mich nicht!
Meiner Art ist Leiden gut.

Königlich und fremd und kühl:
Wohn du leicht im hohen Licht!
Ich verschwinde im Gewühl –

wissend, wenn im müden Wind
leis dein Duft vom Tode spricht,
daß wir, ach, Geschwister sind . . .

SONNENBLUME

Diese reifen Tage,
wie verklärst du sie!
Süße Sommersage
ohne Reu und Frage,
reine Melodie!

Du, vom Weltenfeuer
Abbild, Gleichnis, Glanz,
treibst mit immer neuer
Kraft ins Abenteuer
und verschenkst dich ganz.

Starke! Gott zum Ruhme
trag dein Liebeslos:
Hier auf schmaler Krume
und für eine Blume
ist es fast zu groß . . .

AN SAPPHO

Du teure Frau! Ich schreibe dir – es ist
in tiefer Mitternacht, so schreibt man nicht
bei Tag – ich schreibe dir, als ob ich dein
Geliebter wäre. Wohl, dies Wort ist hart,
wir leben hier in einem kurzen Tag
und ohne Meer vor uns. Ich schreibe dir
hinab durch zweieinhalb Jahrtausende.
Das Wort »Geliebter«, nimm es, Schwester, hin!
Uns ärmerm Volk ist »symmachos« versagt
als Wort. Wir müssen deutlich sein. Du weißt
trotzdem, geliebte Frau, wie sich mein Herz
dir hinneigt: Vorbild, ohne das ich hier
nicht atmen möchte. Jetzt, um Mitternacht,
– Pleiaden sind und Mond hinab ins Meer,
und du liegst stundenlang, o stundenlang
allein, nicht atmen möcht ich – trifft es mich
so tief: Allein wie du. Du bist schon längst
ein schöner Stern. So schön, wie keinen sonst
das Abendland ernannt: Ein Glück für mich.
Denn meine Liebe wäre sonst verbannt

und schriebe diesen Brief ins Firmament
ganz ohne Sinn. Du aber lebst ja dort.
Geliebte Schwester! Teure Frau! Solang
es Menschen hier gibt (freilich schmilzt die Saat)
es Menschen hier gibt, will ich Wache stehn
und Sorge tragen . . . Nichts, ach nichts, ich weiß,
bringt deine Schönheit wieder. Laß uns schön
und tapfer sein. Die Schönheit ist so stark
wie nichts in dieser Welt. Geübte Frau,
du warst so schön, du bist es. Ohne Meer
und Farben sind wir tödlich arm. Der Saum
von deinem Kleide wäre Sprüche wert –
So rede doch! Sag, warum sprichst du nicht?
Du bist verstoßen worden? Mißgetön
der Sprache scheuchte dich? Verzeih es uns:
Ich will dich retten, lieblichste Gestalt,
mit allen Fasern retten durch die Nacht
der Herzenstode. Heilig lieb ich dich,

unsterblich schöne Schwester! Aphrodite!

AN MARC AUREL

Schon überschattet von dem Gottesreich
aus Nazareth, du Caesar der Stoa,
bringst du den Griechenhimmel menschengleich,
uns einmal noch ein Land von Göttern nah.

Du selbst ein Gott an edlem Gleichgewicht,
ein Mensch im dunklen Hinsehn auf den Tod:
Bleib, zwischen Abendrot und Morgenrot,
erhabner Mahner unsres Teils: Der Pflicht.

VOR DER MASKE LUDWIG VAN BEETHOVENS

Seid umschlungen, Millionen!
Diesen Kuß der ganzen Welt!
Brüder, überm Sternenzelt
muß ein lieber Vater wohnen.
(Schiller)

Erschreckend offenherzige Maske, nicht
des Leibs Verfall, daran du nebenher
gemahnen magst, erschüttert hier zutiefst.
(Es sind uns manche Masken aufbewahrt,
der Größe Mal wie der Vergänglichkeit.)
Was hier zur Pein wird, ist der Hintergrund
der starren Züge: Nur nach außen hin
hat sie der Tod gebändigt, fast geklärt.
Denn alle Klag und Anklag dieser Welt
steht hinter diesen Zügen auf und bleibt.
Die eingedrückten Augendeckel schrein
die Marter und die Qual der Kreatur,
es weidet sich an ihrem wilden Schrei
das Wilde in sich selbst, die Grausamkeit
der breiten Nase. Jener große Mund,

zerpreßt vom Urgewicht der Traurigkeit,
vertritt im Tod, wie so im Leben nie,
den Menschen in der Kelter – Wo ist Gott,
wo ist da noch Musik . . .?

AN DEN GENIUS FRANZ SCHUBERTS

O welche Botschaft, hört! Eines Gottes Kraft
spannt seinen Bogen über die dunkle Welt
und formt den Himmel heitrer Anmut
einmal noch über uns Erdgeborne.

Schubert erklingt: O kindlicher Genius,
wie hat dein Adel dauernd das Leid besiegt
und eine büttelgeist-beengte
Zeit uns verklärt als die gute alte.

Nun brennen wieder heilig die Kerzen auf
im weihevollen Raum, und die Hände dein,
der holden Herrin dienend, treibt es
zärtlich erglüht über Sait' und Taste.

Und wieder rettest du vor Dämonennacht
– wie schlägt sie dunkel durch! – unser armes Herz.
Und nichts als Liebe sagen deine
schuldig unschuldigen Schöpferhände.

Wie du das Antlitz aufhebst zu uns, versinkt
das bittre Gestern ganz, und ein Tag, zeitlos,
hebt an und singt: Wir dürfen wieder
frei und erlöst und als Menschen leben.

IN EINE SCHOPENHAUERAUSGABE

Er zeigte, Philosoph der Nichtigkeit,
das Menschliche: Uns, nackt. Er sah das Leiden,
er sah den Tod. Und wurde diesen beiden
die große Stimme gegen Wahn und Zeit.

Und, wie die Alten treu der Wirklichkeit,
ging er den harten Weg: Verzicht und Meiden.
Der Schwächling mag den herben Kern umkleiden:
Er pflückte blank die Frucht, die uns gedeiht.

Er war der Feind der Halben und der Weiber.
Griesgrämig schilt ihn ein nichtsnutziger Tadel,
der seinen Schwätzer will und Zeitvertreiber.

Er ist der Prüfstein, scheidend Art und Gaben.
Ihn lieben, heißt ein Mann sein und von Adel,
und ihn verstehn heißt, überwunden haben.

AN DIE DROSTE

Paraphrase auf das Gedicht:
»Am letzten Tage des Jahres«

Jäh aufgewacht
im Augenblick der tiefsten Rast –
Und wieder: Sterbemelodie!
Jungfräuliche im Grase, sieh,
sieh, was du uns geboren hast
aus deiner Nacht!

Es wuchs zuletzt
bis an den Himmelsrand, es lief
im Herzen aus mit Graun und Graus –
Hast du's geschaut so weit voraus,
weil, kurzsichtig, dein Auge schlief,
dies: Jetzt, jetzt, jetzt?

Du, heimgesucht!
Geburt der Angst, wie anders als
aus einem Herzen, rein und voll
hättst du's vollbracht, wie anders soll
erfüllt sein unsres Sündenfalls
verfluchte Frucht?

Dein Menschentum,
soviel es ahnte, weint' und schrie,
noch gnadbewacht, noch fest im Grund:
O Herr, ich falle auf das Knie,
sei gnädig unsrer letzten Stund!
Die Zeit ist um.

E. G. KOLBENHEYER
ZUM SECHZIGSTEN GEBURTSTAG

Wie, du sollst sechzig werden, sechzig Jahre?
Welch ein Geheimnis, welch ein Abenteuer!
Dich seh ich doch in edlem Jugendfeuer
inmitt' der Jungen, flammend wilder Haare –

Ihr Sprachrohr, ihr Beschützer, ihr Betreuer,
und unser aller Kämpfer für das Wahre:
Dem Leben treu, entführt ins Wunderbare,
und, rückgekehrt, dem Geiste der Erneuer.

So dulde, daß auch ich mich schüchtern mische
ins muntere Gedränge der Lobpreiser,
wenn ich auch nicht viel Worte machen kann:

Ich liebe dich. Du liebst das Wienerische.
Das Herz ist voll, da wird die Stimme leiser.
Ich wünsche dir – nein, nichts. Versteh!
Nimms an!

AKROSTICHON FÜR AGNES MIEGEL

Ferne Stimme, streng und doch verwandt,
Übervoller, klarer Bogenstrich!
Rührend grüßt dein Lied und mütterlich
Aus dem Lande des Immanuel Kant.

Gruß zurück aus unserm weichern Land,
Nimm ihn an in Huld, wir bitten dich.
Eine kleine Melodie an sich,
Schwank und zier, doch herzvoll einbekannt.

Mit dem Märchen von der schönen Mete,
In den Nibelungen, in Agnete,
Ewig hast du dir ein Mal gesetzt.

Gehst uns mit des Nords verhaltnen Schritten
Ernst voran, von Güte sanft umglitten,
Löst mit Liebe Leid und Tod zuletzt.

INHALT

Ghasel 7
Kammermusik 8
Erste Geige 9
Zweite Geige 10
Bratsche 12
Cello 13
Sinfonia domestica 15
Ziehharmonika 23
Beschreibung eines Himmels 25
Abend auf der Veranda 27
Der Strom 29
Schlanke Flöte 31
Orgel 33
Capriccio 37
Notturno 40
Scherzo 42
Andante 44
Adagio 45
Allegro 46
Presto 47
Klarinette 48
Dissonanz 51
Im Fieber 52
Kleine Fuge 54
Verkündigung 56
An eine Geliebte 57
Von einem Angesichte 59
Geliebte, mir geraubt 61
Auf eine zerbrochene Schale 63
Vor Nacht 65
Corpus mysticum 67
De profundis 68
Aus dem Geiste des Gesanges 69
Löwenzahn* 70
Maiglöckchen 72
Sonnenblume 73
An Sappho 74
An Marc Aurel 76
Vor der Maske Ludwig van Beethovens 77
An den Genius Franz Schuberts 79
In eine Schopenhauerausgabe 81
An die Droste 82
E. G. Kolbenheyer zum sechzigsten Geburtstag 84
Akrostichon für Agnes Miegel 85

* Erster Entwurf; Ausführung siehe »Adel und Untergang«, Löwenzahn, Mai 1931.